VIOLIN
REPERTOIRE

DANCLA
6 Airs Variés Op.89
doigtés et coups d'archet par Shizuko ISHII

ダンクラ
6つのエア・ヴァリエ Op.89

石井志都子 運指・運弓

音楽之友社

ONGAKU NO TOMO EDITION

もくじ

1er Air Varié sur un Thème de Pacini ……………………… 3

2me Air Varié sur un Thème de Rossini ……………………… 8

3me Air Varié sur un Thème de Bellini ……………………… 12

4me Air Varié sur un Thème de Donizetti ……………………… 16

5me Air Varié sur un Thème de Weigl ……………………… 21

6me Air Varié sur un Thème de Mercadante ……………………… 26

※本版は、ショット版をもとに、諸版を参照し制作したオリジナル版です。
　また、ヴァイオリン・パート譜のボウイング、フィンガリング、強弱、
　アーティキュレーションは、石井志都子氏によるものです。

1er Air Varié

sur un Thème de Pacini

Charles Dancla

2me Air Varié
sur un Thème de Rossini

Charles Dancla

3ᵐᵉ Air Varié
sur un Thème de Bellini

Charles Dancla

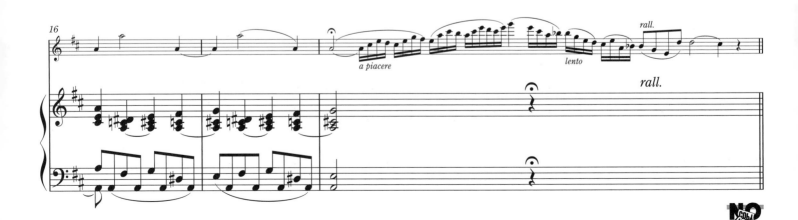

※シャーマー版では実音A音が記されているが、E音の誤りであると判断した。

4ᵐᵉ Air Varié
sur un Thème de Donizetti

Charles Dancla

VIOLIN
REPERTOIRE

DANCLA
6 Airs Variés Op.89
doigtés et coups d'archet par Shizuko ISHII

ダンクラ
6つのエア・ヴァリエ Op.89
石井志都子 運弓・運指

Violin

音楽之友社

ONGAKU NO TOMO EDITION

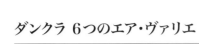

ダンクラ 6つのエア・ヴァリエ
演奏にあたって

石井志都子

　この《6つのエア・ヴァリエ》は、ロッシーニやベッリーニなどオペラの魅力的な旋律を主題とした変奏曲に仕上がっています。ヴァイオリン特有の奏法が際立つよう作曲され、演奏効果も高いことから、発表会などで演奏される機会の多い作品です。

　以下に、ボウイングのコツなど演奏にあたってのアドヴァイスを提示しましたので、参考にされるとよいでしょう。

　パート譜に記されたフィンガリングやボウイングには、歌い方の提案も含まれています。どうしてもボウイングの都合で弾いてしまいがちですが、フレーズをどう捉えるかというところにも気を配りながら演奏してみましょう。

　フィンガリングに関しては、積極的に第2ポジションを採用しています。これは、第1、第3ポジションだけでなく、ぜひいろいろなポジションで弾いていただきたいという思いからです。

1ᵉʳ Air Varié sur un Thème de Pacini　　パチーニのテーマ

Andante maestoso
　1曲目からさまざまな奏法が登場し、テクニックの練習にもなります。
　4小節目の最初の音からフラジョレットです。フラジョレットは、指を寝かせて当たる面を広くすると音が出やすくなります。指の柔らかい部分を使いましょう。弦の振動が感じられるくらいの触れ具合で指を置くとよいでしょう。また、弓を速く使うことが重要で、「弓＝息」で「弦＝声帯」であるようなイメージを持ちましょう。息の速さや圧力の使い方で弦の振動が変わり、音がつくられるのです。
　29小節目の ⊓⊓ は、弓の根元を使い、同じ場所で弾きましょう。
　63小節目は、手を硬くせず柔らかく使うことがコツ。するどい音にならないように。右手でひとつひとつ掬っていくイメージです。84小節目からも同様です。
　65小節目はサルタートで弾きますが、弓を跳ばせない人は弾いてしまっても結構です。弾いているうちにだんだん力が抜けてきたら自然に弓がはずみます。真ん中より少し根元寄りで跳ばしましょう。跳ばない場合はまだ力が入っているということになります。
　81小節目の**Coda**は音が裏拍から始まっていますので、拍の意識をもって弾きましょう。

2ᵐᵉ Air Varié sur un Thème de Rossini　　ロッシーニのテーマ

Andante
　《セビリャの理髪師》のモチーフが使われ、この曲もまた「歌う」ことが大切ですが、さらにリズムが複雑になります。3連符など、3で割る譜割りの勉強になります。
　32小節目から出てくるくさび型の記号は、しっかりとした音で弾きましょう。51小節目は、あくまでも***pp***の中で。
　53小節目の3重音の ⊓⊓ は、根元を使って、腕の重さだけで弾きます。単純に3倍の音量になってしまわないようにしましょう。すべての音をしっかり出すには、駒の角度ではなく弓の反りに沿って、肘を支点にして肘が下がらないように気をつけながら弾くとよいでしょう。

57小節目のダウン・ボウは、1cmくらい上から軽く弓を落とす感じで弾きます。次のアップ・ボウは8分音符分きちんと弾き、そのまま自然に弧を描くような流れの中で次のダウン・ボウに入っていきます。

3me Air Varié sur un Thème de Bellini　ベッリーニのテーマ

Maestoso
　　　18小節目のカデンツァは、ヴァイオリンらしい華やかな見せ場です。楽譜どおりにこだわらず、できるだけ自由に弾いてください。このようなカデンツァは「ゆっくり→速く→ゆっくり」という流れにすると形になりやすいものです。
　　　58小節目の菱形のフラジョレットは、この音に指が触れるだけです。うまく鳴らない場合は指を置く場所が悪いということになります。
　　　この曲は、移弦や重音がたくさん出てきますので、これらのよい練習にもなります。

4me Air Varié sur un Thème de Donizetti　ドニゼッティのテーマ

Andante Cantabile
　　　あまり特別な奏法は出てきませんが、**Cantabile**とあるように、十分に歌いながら演奏しましょう。重音や軽いスタッカートの弾き方は前述のとおりです。

5me Air Varié sur un Thème de Weigl　ヴァイグルのテーマ

Cantabile
　　　43小節目からの*molto stacc.*は、打ちつけるように鋭く飛ばします。
　　　45小節目のスタッカートは、そのあとの音をきちんと8分音符分弾くようにすると、バネが使えて次のスタッカートもうまく弾けます。2曲目の57小節目と同様です。
　　　54小節目の移弦は、手首、肘、腕をやわらかくして大きな動きで弾きましょう。その際、肩が張らないように気をつけます。
　　　64小節目からは、右手は弓で付点2分音符を弾き、左手でピッツィカートをします。右手はできるだけ全弓を使ってロングトーンで弾き、左手は置いている指から遠い指（第3指か第4指）ではじきましょう。
　　　78小節目からの菱形のフラジョレットは、書いてある音を上の指づかいのまま弦に触れる程度にして弾けば、倍音が出ます。高いポジションでのフラジョレットは指を寝かせますが、このような箇所では通常の指の角度でそのまま軽く弦に触れるようにしましょう。

6me Air Varié sur un Thème de Mercadante　メルカダンテのテーマ

Maestoso
　　　この曲は前述の曲と同様の奏法で演奏できます。軽いスタッカートや重音など、これまで覚えたコツを生かして弾いてみましょう。

2me Air Varié

sur un Thème de Rossini

Charles Dancla

5me Air Varié

sur un Thème de Weigl

Charles Dancla

5me Air Varié

sur un Thème de Weigl

Charles Dancla

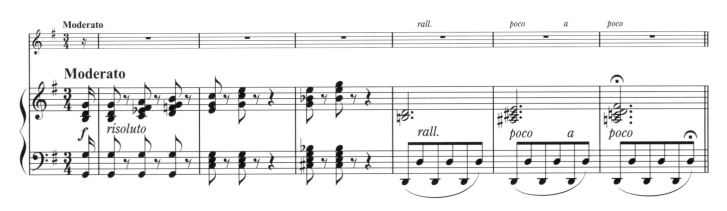

6me Air Varié
sur un Thème de Mercadante

Charles Dancla

Var. I
Un poco più animato

28

石井志都子（いしい しづこ）

幼少よりその才能を発揮し、数々の国際コンクールで上位入賞。パリ音楽院卒業後はソリストとして活動する一方、パリ音楽院管弦楽団のコンサートマスターを務める。帰国後は音楽大学を中心に後進の指導に当たる。ＮＨＫ教育テレビ『バイオリンのおけいこ』の講師としても活躍した。全日本学生音楽コンクール諮問委員。桐朋学園大学名誉教授。

ダンクラ　6つのエア・ヴァリエ　Op.89

2017年8月10日　第1刷発行

運弓・運指　石井志都子
発行者　堀内久美雄

東京都新宿区神楽坂6の30
発行所　株式会社 音楽之友社
電話 03（3235）2111（代）　〒162-8716
振替 00170-4-196250
http://www.ongakunotomo.co.jp/

476650

© 2017 by ONGAKU NO TOMO SHA CORP., Tokyo, Japan.

落丁本・乱丁本はお取替いたします。
Printed in Japan.
本書の全部または一部のコピー、スキャン、デジタル化等の無断複製は著作権法上での例外を除き禁じられています。また、購入者以外の代行業者等、第三者による本書のスキャンやデジタル化は、たとえ個人や家庭内での利用であっても著作権法上認められておりません。

楽譜浄書：神野浄書技研
装丁：吉原順一
印刷／製本：（株）平河工業社